図書館版

大人になってこまらない

マンガで身につく

自分コントロール

監修 菅原 洋平
マンガ・イラスト 大野 直人

金の星社

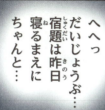

最高の自分コントローラーをめざして！

やる気を出したい！　がんばれる自分にかわりたい！
どうしていつも親や先生に、口うるさくいわれるんだろう……？
そんなことを思っている人は、いないかしら？
わたしの名前は、**ブレインきょうこ**。
「ブレイン（brain）」というのは、英語で「脳」という意味よ。
脳はわたしたちの思考や記憶、感情やからだの動き、
そして、行動のすべてをコントロールしているわ。
だから、脳のしくみを知って、うまくコントロールできれば、
あなたは、**自分の思うとおりに動ける自分**になれるの！
え？　自分にはムリですって？
いいえ、脳のはたらきは、だれもがみんな平等なのよ。
これから教えることを覚えれば、きっと行動がかわってくるわ。
さあ、あなたもヨウタといっしょに、
最高の自分コントローラーをめざしましょう！

もくじ

- プロローグ …… 2
- 最高の自分コントローラーをめざして！ …… 9
- この本に出てくる人たち …… 12

第1章 自分コントロールって？ …… 14
- 自分のことを知ろう …… 16
- いつもの自分をふりかえろう …… 18
- もうひとりの自分 …… 20
- やればできるはあてにならない …… 22
- からだのしくみを知っておこう …… 24
- 太陽の光をあびよう …… 26
- 脳とからだのリズム …… 28
- 場所・時間・しぐさ・ことばをかえよう …… 30
- にゃん博のすいみんコラム その1
- 朝になると目が覚めるの？ …… 34
- なぜ夜になるとねむくなって、 …… 34
- 朝寝ぼうは成長のあかし!? …… 35

第2章 場所アプリ …… 36
- クイズであ～そぼ！① まちがい探し …… 38
- ここはなにをするところ？ …… 40
- 目のまえの誘惑 …… 44
- 部屋を片づける …… 52
- クイズであ～そぼ！② 同じのど～れだ？ …… 52

第3章 時間アプリ …… 54
- 時間を管理しよう …… 56
- 時間の感覚を持つ …… 60
- コラム 時間の棒グラフをつくってみよう …… 62
- 脳に時間割がある!? …… 64
- 時間を上手に使う …… 69
- コラム ダラクのダラけYO！講座 …… 78
- 長い夏休みをどう過ごす!?

第4章 しぐさアプリ

- 夏休みの計画を立てる …… 80
- 3.5日リズム …… 84
- 紙とえんぴつゲーム① 4目ならべ …… 88
- なんとなくしていることを見直そう …… 90
- 動作の区切りって？ …… 92
- 生活習慣をコントロール …… 96
- マンガコラム SNSは朝イチに！ …… 101
- にゃん蔵のすいみんコラム その2
  - ねむっている間、脳はなにをしているの？ …… 102
  - 寝る姿勢が大事！ …… 103
- 苦手なことや気が向かないこと
  - できている人をまねしよう …… 106
  - 先のばしをしないために …… 108
- 紙とえんぴつゲーム② ドットアンドボックス …… 110 114

第5章 ことばアプリ

- 脳になにを聞かせるか …… 116
- ことばと行動 …… 118
- ことばに出すときのルール …… 120
- 思ったことをいう …… 124
- マンガコラム 人に教えると自分の考えを整理できる …… 127
- 負の感情をコントロール …… 128
- かっこいい自分に名前をつけよう …… 130
- クイズであ〜そぼ！ 答え …… 133
- エピローグ もっと きょうこの「お悩み相談室」（アドバイザー・菅原洋平さん）…… 136
- おわりに 脳となかよくなろう …… 140 142

この本に出てくる人たち

樽井 ヨウタ
小学校4年生の男の子。
明るい性格だが、ダラダラと過ごしていることが多く、母親にいつもガミガミいわれている。
しゅみ なわとび、ゲーム、お笑い

ブレインきょうこ
突然ヨウタのまえにあらわれた「自分コントロール研究所」の優秀な研究員（自称）。最高の自分コントローラーになるために、いかに脳を活用するかをヨウタに教えこむ。
チャームポイント キメ顔とキメポーズ

ブンシン
きょうこがにゃん蔵に忍術で出させた、ヨウタの脳の操縦士。
性格 素直

にゃん蔵
脳とからだに関する知識を持ったきょうこの忠実な部下。
特技 高度な忍術が使える

ダラク次郎
きょうこの目をぬすみ、ヨウタを誘惑する謎のラッパー。ダルそうなやつはだいたい友だち。
きらいなこと めんどうなこと

樽井 リンコ
ヨウタの母親。ヨウタには、ついうるさく注意してしまう。

樽井 ユルヒコ
ヨウタの父親。のほほんとした性格。ゲーム好き。

澄霧 アキラ
近所に住むヨウタのいとこ。小学校6年生。しっかり者。

12

第1章

自分コントロールって？

自分のことを知ろう

いつもの自分をふりかえろう

自分の考えを書きだす

なにをすればいいのー？

今の自分について、よーく考えて、「できていないこと」「やりたいこと・始めたいこと」「もっと続けたいこと」「本当はやめたいこと」の4つを書きだしてみましょう。

できていないなあ
- 宿題をわすれる
- 学校のプリントをわたしわすれる
- 服やくつをぬぎっぱなし
- 水道の水を出しっぱなし
- 食事のときよくかまない
- 手洗いとうがいをさぼる
- 食べおわった食器をさげない
- ペットボトルのふたをしめない
- 部屋を片づけない
- テレビをつけっぱなし

やりたい！・始めたい！
- なわとび検定で特級をとりたい
- 人に親切にしたい
- テスト勉強をちゃんとしたい
- コントの台本を書いてみたい

もっと続けたい！
- 元気にあいさつすること
- 友だちとなかよくすること
- なわとびの練習を毎日続けたい
- 係の仕事をさぼらずに続けたい

本当はやめたい…
- 朝寝ぼう
- 遅刻
- わすれもの
- おやつを食べすぎる
- 休みの日にダラダラする
- 「もうダメだ」とすぐあきらめる
- 寝ないといけないのに、ベッドでゲームをする
- イライラしてお母さんにあたってしまう

第1章 自分コントロールって？

自分を外から見る

ブンシンは、もうひとりのヨウタなの。ヨウタを外から見て導いていくのが、ブンシンの大きなはたらきなのよ。

ブンシンのはたらき❶

今の状況をつかむ！

今、自分はなにを考えている？

ブンシンのはたらき❷

目的に向かうように導く！

その考えであっている？

正しい方向へ軌道修正するんですね。

ブンシンには、こうなってもらうわよ。

19　第1章　自分コントロールって？

やればできるはあてにならない

脳をごまかさない！

「やればできる」ということばで、自分の脳をごまかしてはダメ！ めんどうで手をつけたくないから、考えないようにしているだけよ！

「やればできる」といいながら、なにもしないと……

脳が考えない！

バザーのものをまとめるなんて、やればすぐできるしー。

今は考えなくてもいっか。

つまり、脳もいっしょになまけてしまうのです。

少しでも行動すると……

脳が考えだす！

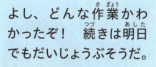

今日はこれくらいにしようっと。

よし、どんな作業かわかったぞ！ 続きは明日でもだいじょうぶそうだ。

「やればできる」ということばだけでは、なにも解決しませんよ！

21　第1章　自分コントロールって？

人にいわれたことは
イメージできない。
自分の行動は
自分で考えて決めるの。

からだのしくみを知っておこう

朝起きたら窓のそばへ

脳が太陽の光を感じると、脳とからだが目覚めるのよ。

脳にあるメラトニンという物質が関係しているのです。

メラトニン＝1日がいつからいつまでかを決めている物質だよ！

夜　メラトニンが増えてねむくなる

太陽の光を感じると

朝　メラトニンがストップして目覚める

窓のそばはどれくらい明るいの？

メラトニンがストップするには 1,000 ～ 1,500 ルクス以上の光が必要！

ルクス＝光の明るさの単位
500 ルクスで、読書ができるくらいの部屋の明るさだよ！

晴れ
3,000 ルクス

くもり
1,000 ～ 1,500 ルクス

つまり、大雨の日以外は、目覚めるための光はじゅうぶんってこと！

大雨
500 ルクス

1日の生体リズム

メラトニンのほかにも、いろいろな物質が関係して生体リズムをつくっているの。1日の平均的なからだの動きを見てみましょう。

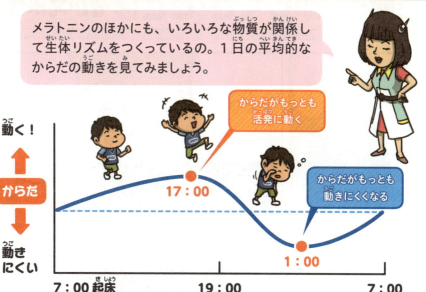

太陽の光をあびなかったら？

太陽の光をあびないと、脳もからだも朝だとわからず、生体リズムがくずれてしまいます。気をつけなければいけませんね。

ある日曜日

お昼までダラダラ寝る

夜

ねむくならずベッドでゲーム

月曜日

学校で頭がボーッとして授業に集中できない

場所・時間・しぐさ・ことばをかえよう

自分コントロールに役立つ 基本の4つのアプリはこれ！

しっかり学ばないと、インストールしないわよ！

1 場所アプリ

どこでなにをするか
どこになにを置くか

2 時間アプリ

どんなふうに時間を使うか
どのように計画を立てるか

3 しぐさアプリ

どんな動作に気をつけるか
どんな行動をすればいいか

4 ことばアプリ

どんなことばを脳に聞かせるか
口に出すときのルールはなにか

きょうこさまが教えたことを、ヨウタどのが理解なされば、インストールが完了いたします。

今までできなかったのは
朝起きて太陽の光を
あびなかったせいかも。

にゃん蔵のすいみんコラム その1

1日の3分の1以上の時間、みなさんは寝ていますね。つまり、人生の3分の1は寝て過ごしているのです。「すいみん」と脳には、深い関係があります。いいすいみんがとれると、脳のはたらきがよくなって、やる気が出るのですよ。ここでは、大事な「すいみん」についての情報を紹介いたします！

なぜ夜になるとねむくなって、朝になると目が覚めるの？

それは、脳の中にある「メラトニン」と「コルチゾール」という物質が、増えたりへったりしているからなのです。

夕方〜夜
メラトニンが増えてきてねむくなる

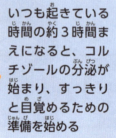

起きる3時間まえ
いつも起きている時間の約3時間まえになると、コルチゾールの分泌が始まり、すっきりと目覚めるための準備を始める

朝
コルチゾールがピークをむかえ、朝になって脳が太陽の光を感じると、メラトニンの分泌が完全にストップ！ すっきりと目覚めるよ！

コルチゾールがピークに達すると、起きる準備が整うんだよ！

34

朝寝ぼうは成長のあかし！？

朝になっても、なかなか起きられないという人がいるかもしれませんね。じつはそれは、からだの成長と関係しているのです。

からだの成長に必要な性ホルモン
小学校高学年くらいになると、性ホルモンの分泌が増えはじめる

性ホルモンは、朝、目覚める準備をするコルチゾールの分泌のじゃまをする

これは20代前半くらいまで続くのです。

だから起きられなかったのかー。

朝すっきり起きるための ちょいテク！

❶ おふろに入ったときに、ひざ下に水をザバーッとかける
❷ つぎに、お湯をひざ下にザバーッ！
❸ ❶と❷を3回くりかえす。これを2週間続けよう。
血の流れがよくなって、朝すっきり起きられるようになるよ！

にゃん蔵のプラス1　起きたい時間を3回となえる！

コルチゾールは、「ことば」で分泌のタイミングをコントロールできることが、科学的にわかっています。つまり、起きたい時間を呪文のように「○時に起きる」と、3回となえるだけで、なんとその時間に起きられるのです！

7時 7時 7時

クイズであ〜そぼ！❶

まちがい探し

ふたつの絵をくらべると、ちがうところが5つあるよ。わかるかな？

ときにはリフレッシュすることも、自分コントロールには大切よ！

答えは**P.133**にあるよ！

第2章

場所アプリ

ここは なにをする ところ？

ただいまー

今朝は太陽の光をあびたからなんだか1日気分がよかったな〜

だから今日はたっぷりゲームをしちゃお♡

むふ♡

2時間後…

ちょっと…

ずーん

なんなの？この有様は？しかもブンシンまでいっしょになって…

宿題は？さっきお母さまにもいわれてたでしょ？

今するよー

誘惑されないために

「する場所」に必要ないもの、じゃまなものは置かないようにすることが大切よ！　たとえば、勉強机の場合はこんなふうにしましょう。

NG　勉強に関係ないものがたくさん置いてある

OK　勉強に必要なものだけを置く

きょうこのちょいテク！

脳は見えたものを優先するの。勉強するときは、そのときにやる教科だけを机の上に出すといいのよ！

今やる教科

つぎにやる教科　　おわった教科

42

してはいけないこと

「する場所」を決めるときや、決めたあとに、こんなことをしてはダメよ！

❶ 人に決めてもらう

けっきょく実行できない！

❷ 目のまえにふせんやメモをたくさんはる

全然集中できない！

❸ 勉強机でゲームやマンガ

勉強がはかどらない！

❹ 寝ながらゲーム

すいみん不足で脳がくたくたに！

「ここはこれをするところ」と脳が覚えると、その場所で集中できるようになるのです。

部屋を片づける

※カケルくんとは、シリーズ別巻『マンガで身につく整理整頓』の主人公です。

ものを置くエリアを決める

なかまどうしは、同じエリアにまとめて置くといいんじゃ。

さっきぼくが決めた「する場所」と同じだね。

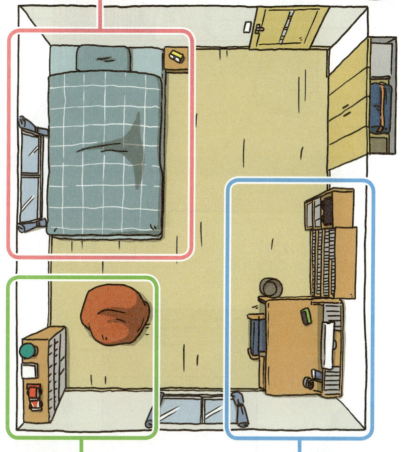

寝るエリア 寝るときに必要なものを置く

遊びのエリア ゲームなど遊ぶときに必要なものを置く

学習のエリア 学校や勉強に必要なものを置く

45　第2章　場所アプリ

学習のエリアの片づけ

勉強机は引き出しのサイズにあわせて、入れるものを決めるんじゃ。よく使うものは、手前に置いて出し入れしやすくな。自分が使いやすいかどうかで、定位置を決めるんじゃぞ。

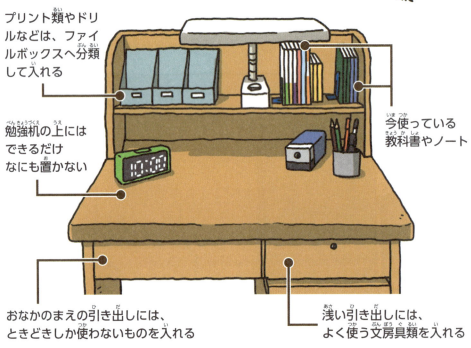

- プリント類やドリルなどは、ファイルボックスへ分類して入れる
- 勉強机の上にはできるだけなにも置かない
- 今使っている教科書やノート
- おなかのまえの引き出しには、ときどきしか使わないものを入れる
- 浅い引き出しには、よく使う文房具類を入れる

ぼくが使いやすいかどうかが、大事なんだね。

- 少し深めの引き出しには、大きな文房具を入れる
- 深くて大きい引き出しには、ファイルやノート、アルバム、重たい辞典などを入れる

勉強机のまわりの整理

ランドセルや手さげかばん、道具などは定位置を決めよう！

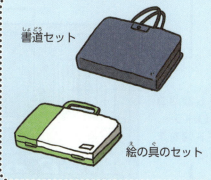

< フックを活用しよう！ >

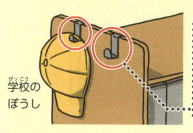

学校へ持っていくものや、塾や習いごとで使うものは、なるべく勉強机の近くに置くんじゃ。そのほうが、わすれものをしないじゃろ？

そうかー。いつもばらばらに置いてたかも。

47　第2章　場所アプリ

遊びのエリアの片づけ

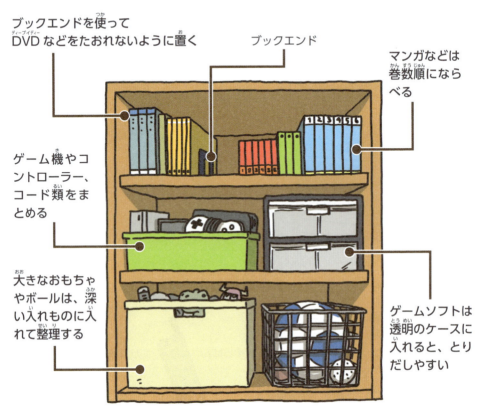

- ブックエンドを使ってDVDなどをたおれないように置く
- ブックエンド
- マンガなどは巻数順にならべる
- ゲーム機やコントローラー、コード類をまとめる
- 大きなおもちゃやボールは、深い入れものに入れて整理する
- ゲームソフトは透明のケースに入れると、とりだしやすい

たなの中には、ごちゃごちゃにものを置かず、入れものを使って整理するんじゃ。

寝るエリアの片づけ

持ちこみNG!

片づけの極意は
定位置を決める！
出したら元にもどす！
使ったら元にもどす！
これ以外にないんじゃぞ！

やりたいこと、やるべきことがあるときは、よけいなものを自分に見せないこと。

同じのど〜れだ？

見本の絵と同じものをひとつ探そう！

クイズであ〜そぼ！❷

①

見本

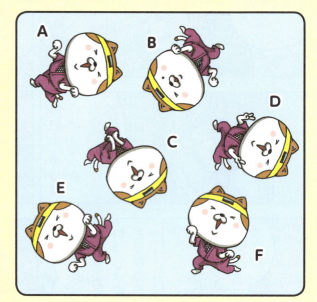

②

見本

 わたしの目はごまかせんぞ！はーっはっはっ！

 ……。

答えは P.133 にあるよ！ 52

第3章

時間アプリ

時間を管理しよう

なにしてるの!? ヨウタ！
アキラくんまってるわよ 早くしなさい!!

まってー 今行くー

今日はいっしょに行ってくれてありがとね 時間だいじょうぶかしら？

ええ…

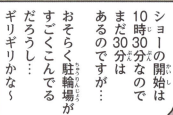

ショーの開始は10時30分なのでまだ30分はあるのですが…
おそらく駐輪場がすごくこんでるだろうし…ギリギリかな〜

ダダッ

ごめんごめん！カメラがなかなか見つからなくてさ！

ちゃんと昨日のうちに確認しないからでしょ！

よし 行こう！

今日はなんとかまにあいそうだね

時間の感覚を持つ

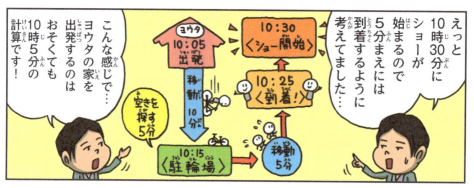

なににどれくらい時間がかかる？

毎日、だいたい同じ時間にしていることは「日課」というの。それにどれくらいの時間がかかっているのか、思いだして書いてみましょう。

毎日の日課	かかっている時間
朝の身支度（歯みがき・洗顔・着がえ）	15分
朝ごはん	30分
トイレ（朝）	10分
学校	8時間
昼ごはん（休日）	25分
夕ごはん	40分
おふろ	20分
寝る準備（着がえ・歯みがき・洗顔・トイレ・学校の準備）	20分
すいみん	9時間

だいたいこんなもんかなあ……。

毎日通っている学校や、よく行くところへの移動には、どれくらいの時間がかかっているかしら？　片道の時間を書いてみましょう。

よく行くところ	かかっている時間
学校	9分
公園	6分
ショッピングモール	10分
サッカー練習場	23分
アキラくんの家	3分

走れば5分〜♪

わからないときは、実際に時間をはかってみましょう！

★このページで紹介した作業に便利なシートが、"金の星社"のホームページからダウンロードできます。

第3章　時間アプリ

いつもの時間の使い方

ヨウタ、このまえの日曜日にはなにをしてた？どう過ごしていたかを表に書いてみてちょうだい。

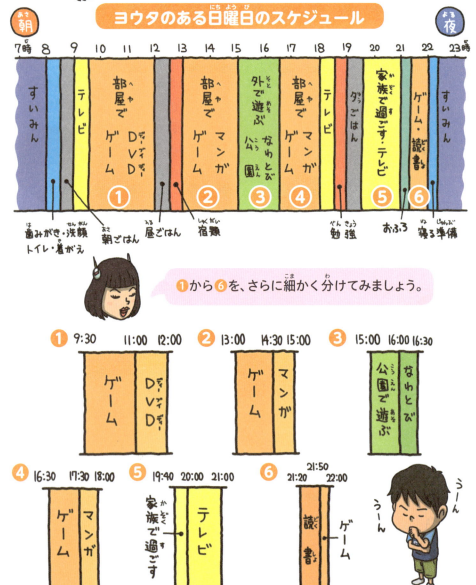

こうやってグラフにして、自分の時間の使い方について、考えてみるといいのよ。

こんなにゲームばかりしてると思わなかったよ。朝、昼、夜、1日ほとんどゲームばっかじゃん……。

第3章 時間アプリ

時間の棒グラフをつくってみよう

それじゃあ、あなたも1日の時間の使い方を棒グラフにしてみましょう！ 学校がない日曜日で説明するわね。

手順1

日曜日の行動を、下の例を参考にして方眼紙に書いてみよう！

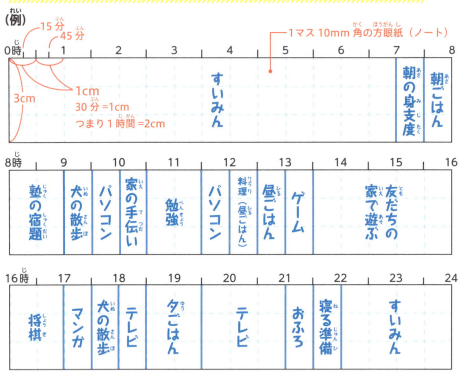

このほか、しゅみでしていることや好きな遊び、自分のしている行動があれば書こう

- 習いごと（スイミング、習字、野球、サッカー、ピアノ、ダンスなど）
- 模型づくり
- お菓子づくり
- 図書館へ行く
- スポーツ観戦
- 部屋のそうじ
- ボランティア活動　など

60

手順2 区切ったところをはさみですべて切りとろう。

手順3 手順2で切ったものを、下のようなグラフ用紙をつくり、行動別にのりではりつけよう。

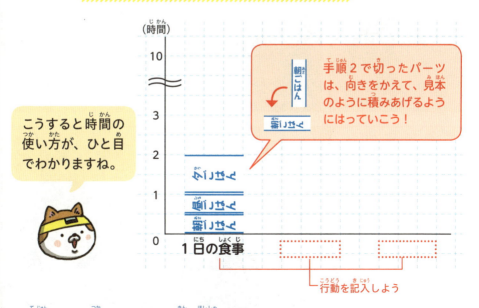

こうすると時間の使い方が、ひと目でわかりますね。

★手順1〜3で使えるシートは、"金の星社"のホームページからダウンロードできます。

これが「脳の時間割」だ！

「脳の時間割」は、朝起きてから「〇時間後」は「〇〇が得意」というように考えるの。1時限目から6時限目まで、脳がやる気になる時間帯にあわせて、自分のやりたいことや、やらなければならないことをあてはめてみましょう。つぎの表を参考にして考えてみてね。

7:00 起床の場合

「脳の時間割」

時限	時間帯の目安	脳のはたらき・脳が得意なこと	こんなことに向いている！
1	起床1〜2時間後 (8:00〜10:00)	大事なことを決められる	・友だちにあやまる決心をする ・クラス委員に立候補する決意をする ・計画表をつくる
2	起床3〜4時間後 (10:00〜12:00)	頭がさえている	・計算ドリルをする ・おこづかい帳をつける ・暗記をする ・クイズの本を読む
3	起床5〜6時間後 (12:00〜14:00)	へこたれない！	・部屋の片づけをする ・苦手な科目の勉強をする ・いいにくいことを伝える ・ジグソーパズルをする
4	起床7〜8時間後 (14:00〜16:00)	手先が器用に動く	・漢字の書きとりをする ・ゲームをする ・料理をする ・工作をする
5	起床9〜11時間後 (16:00〜19:00)	からだが活発に動く	・外で遊ぶ ・なわとびのむずかしい技に挑戦する ・犬の散歩をする ・そうじをする
6	起床12〜14時間後 (19:00〜22:00)	つぎの日にがんばるための準備 冷静になる（クールダウン）	・つぎの日の学校の準備をする ・好きなマンガを読む ・日記を書く

今までしていたことの順序を少しかえるだけでも、ぐっと脳がやる気になるのです。
「頭がさえている」2時限目にゲームをするぞ！　などと、自分で考えて実行しましょう！

1日の予定を立てる

さっそく、「きょうこ式1日の予定の立て方」を教えていくわよ！

手順1
朝起きてから夜寝るまでに「していること」を、できるだけ順番どおりにすべて書く！

ヨウタの「していること」

朝
- 朝起きる
- カーテンをあける
- トイレ
- 歯みがき
- 顔を洗う
- 朝ごはん
- 着がえ
- 学校へ行く

下校後
- 学校の宿題
- 外で遊ぶ
- なわとび
- 夕ごはん
- テレビ
- ゲーム（1回目）

学校で
- 授業
- 給食を食べる
- そうじ
- 休み時間に遊ぶ
- 学校から帰る

夜
- おふろ
- パジャマを着る
- ゲーム（2回目）
- つぎの日の準備
- 歯みがき
- トイレ
- 寝る

学校がある日の1日の行動だよ。

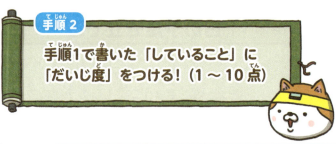

手順2
手順1で書いた「していること」に「だいじ度」をつける！（1〜10点）

「だいじ度」は、先生や家の人からいわれたことではなくて、自分にとって大事かどうかで決めるのよ！

先生や家の人にいわれたことではなく

自分で決める！

朝ごはんは、いつも大事だといってるから、10点よね！

朝ごはんは3点くらいかなあ…

66

「していること」を表にして、「だいじ度」を記入しましょう。まずは学校がある日よ。

 パターンA　ヨウタの「だいじ度」（学校がある日）

していること	だいじ度 （1〜10点）	していること	だいじ度 （1〜10点）
朝起きる	7	学校の宿題	9
カーテンをあける	8	外で遊ぶ	10
トイレ	8	なわとび	10
歯みがき	3	夕ごはん	10
顔を洗う	3	テレビ	9
朝ごはん	3	ゲーム（1回目）	10
着がえ	3	おふろ	4
学校へ行く	10	パジャマを着る	3
授業	6	ゲーム（2回目）	10
給食を食べる	10	つぎの日の準備	6
そうじ	2	歯みがき	3
休み時間に遊ぶ	10	トイレ	8
学校から帰る	10	寝る	8

67　第3章　時間アプリ

手順 3
P.65の手順1の方法で、休日やスケジュールのちがう日の表もつくる！

塾や習いごとがあって時間の使い方がちがう場合は、パターンごとにつくりましょう。

パターン B　ヨウタの「だいじ度」（学校がない日）

していること	だいじ度(1〜10点)	していること	だいじ度(1〜10点)
朝起きる	7	外で遊ぶ	10
カーテンをあける	8	夕ごはん	10
トイレ	8	テレビ	9
歯みがき	3	家族で過ごす	10
顔を洗う	3	お母さんの肩たたき	8
朝ごはん	3	お父さんとゲーム対決	9
着がえ	3	おふろ	4
サッカー（習いごと）	10	パジャマを着る	3
昼ごはん	7	つぎの日の準備	6
お笑いのDVDを見る	8	歯みがき	3
学校の宿題	9	トイレ	8
ゲーム	10	寝る	8
図鑑を読む	8		

これは土曜日の「していること」だよ。
学校がない土曜日には、午前中にサッカーを習っているんだ。

★手順2〜3で使えるシートは、"金の星社"のホームページからダウンロードできます。

ダラクの ダラけYO！講座 ♪

YO！ YO！ オレさまはダラク次郎。
時間の管理なんてめんどうなことやめてYO！
ダラけたければ、こうすりゃいいYO！

すっこけて すわるYO！

足を組むYO！

ほおづえをつくYO！

こうすりゃあ、ぼーっとして注意力がなくなるぜ！うとうとして、いねむりもできてサイコー！

どれも体温がさがる姿勢です。体温がさがると、だんだんねむくなって、ぼーっとしてきます。

ちょっと、なにやってるの！　集中できなくなるような姿勢を教えないでちょうだい！

ねむ気を感じたら、おしりのあなをきゅっとしめてみましょう。5秒数えて、ふっとゆるめるのを何回かくりかえすと、しゃきっとするわ。

筋肉が動いて体温があがるので、ねむ気が覚めるのです。

第3章　時間アプリ

手順4

「だいじ度」をつけたら、その中からこれからの自分の生活で、とくに大事だと思うことを5つ選ぶ！

それがないと困るとか、一番楽しいとか、気持ちが落ちつくなどの基準で選びましょう。書いたものをよくながめて、あとから思いついたものを加えてもOKよ。

パターンAのとくに大事な5つ

- 学校へ行く
- 学校の宿題
- 外で遊ぶ
- なわとび
- ゲーム

パターンBのとくに大事な5つ

- サッカー
- ゲーム
- 家族で過ごす
- お父さんとゲーム対決
- なわとび（追加したもの）

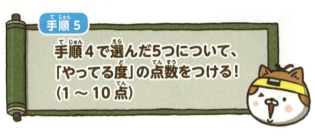

これはズバリ！ やっているか、やっていないかよ。それだけで点数をつけてみましょう。

やってるよ！

「やってる度」高い　　「やってる度」低い

パターンＡの「やってる度」

- 学校へ行く ➡ 10
- 学校の宿題 ➡ 7
- 外で遊ぶ ➡ 8
- なわとび ➡ 10
- ゲーム ➡ 10

パターンＢの「やってる度」

- サッカー ➡ 10
- ゲーム ➡ 10
- 家族で過ごす ➡ 8
- お父さんとゲーム対決 ➡ 5
- なわとび ➡ 7

手順6

「やってる度」をつけた5つについて「バッチリ度」の点数をつける！
（1〜10点）

今度は、「やっていること」に対して満足しているかどうかの点数よ。「もっと上手になりたい」とか、「できていないな」と思えば低い点数、あまりやっていなくても、それで満足していれば、高い点数をつけましょう。

満足してるぜ！

まだまだ！

「バッチリ度」高い

「バッチリ度」低い

パターンAの「バッチリ度」

- 学校へ行く ➡ 10
- 学校の宿題 ➡ 7
- 外で遊ぶ ➡ 8
- なわとび ➡ 7
- ゲーム ➡ 8

パターンBの「バッチリ度」

- サッカー ➡ 7
- ゲーム ➡ 7
- 家族で過ごす ➡ 8
- お父さんとゲーム対決 ➡ 7
- なわとび ➡ 7

手順7

「バッチリ度」の点数をすぐにでも1点あげられる「これスグ課題」をひとつだけ選ぶ！

「バッチリ度」の点数が高くても低くても、これからすぐに、点数をあげることができるかどうかで選びましょう。つまりそれが、「自分にとって大事なこと」なの。
ⒶとⒷで、ちがう結果が出ることがあってもOKよ。

パターンⒶの「これスグ課題」
なわとび

パターンⒷの「これスグ課題」
なわとび

「これスグ課題」をやる計画を立てよう！

★手順4〜7で使えるシートは、"金の星社"のホームページからダウンロードできます。

手順 8

自分で決めた大事なことを、満足いくように実行する計画表をつくる！

ヨウタが決めた「これスグ課題」はⒶもⒷも「なわとび」ね。だから、それを中心にした計画を立てるのよ。下の「脳の時間割」（P.63も参照）を活用して、脳が得意な時間にあわせて、やることを決めていくようにしましょう！

脳の時間割

- **1時限** 大事なことを決められる
- **2時限** 頭がさえている
- **3時限** へこたれない
- **4時限** 手先が器用に動く
- **5時限** からだが活発に動く
- **6時限** 冷静になる

パターンⒶ（学校がある日）の計画表

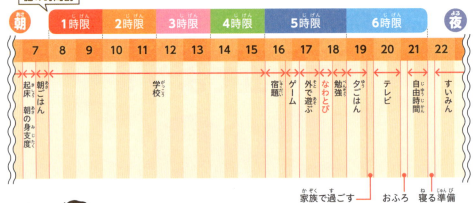

いつも学校から帰ってきたら、宿題をして、夕ごはんまで友だちと遊んだり、ゲームをしたりしていたけど、「からだが動く」5時限目に、毎日なわとびの練習をすることにしたよ！

パターン B （学校がない日）の計画表

脳の時間割

朝	1時限	2時限	3時限	4時限	5時限	6時限	夜

7	8	9	10	11	12	13	14	15	16	17	18	19	20	21	22
起床・朝の身支度	朝ごはん	テレビ	宿題	サッカーの準備など	サッカーの練習	昼ごはん	勉強	なわとび	ゲーム	自由時間	外で遊ぶ	なわとび	自由時間	ゲーム	夕ごはん	テレビ	自由時間	すいみん

家族で過ごす　おふろ　寝る準備

なわとびがもっとうまくなりたいから、「へこたれない」3時限目と「からだが活発に動く」5時限目の2回、練習することにしたんだ。休みの日は、いつも8時に起きていたけど、「頭がさえている」朝のうちに宿題をする時間をとったよ。それから、ゲームはちょっとやりすぎていたから時間を決めたんだ。もし、お父さんが対決しようといってきたら、自由時間にやろうかな。

以上が「きょうこ式1日の予定の立て方」よ。これで毎日の過ごし方がバッチリ決まったわね。あとは、ヨウタがやるかどうか。それも自分で決めるのよ！

★手順8で使えるシートは、"金の星社"のホームページからダウンロードできます。

自分が大事だと思うことを
充実させるには、どうすればいいか。
そう、脳にとって最適な時間帯に
やってみるの。

長い期間はブロックに分けよう

夏休みは40日くらいあるから、まず大きく4つのブロックに分けてみましょう。

※ 夏休みの期間は地域によってちがいます。ここでは7/21～8/31の場合で説明します。

【お盆休みがある場合】

①	②	お盆休み	③	④
7/21～7/31 （11日間）	8/1～8/10 （10日間）		8/17～8/25 （9日間）	8/26～8/31 （6日間）

【お盆休みがない場合】

①	②	③	④
7/21～7/31 （11日間）	8/1～8/12 （12日間）	8/13～8/25 （13日間）	8/26～8/31 （6日間）

それぞれの時期にすることの目安

❶ の時期
学校に行く生活のリズムが、まだ残っている時期。学習ドリルやプリントなどの宿題は、この時期に集中的にとりくんで、早めに片づけよう！

❷ の時期
夏休みの前半が終了。時間や気持ちに余裕があるうちに、宿題をできるだけおわらせておこう。工作や自由研究などの宿題も仕上げておけば、あとが楽ちん！

❸ の時期
夏休みの後半戦。2学期に向けて少しずつ準備を始めよう。❶と❷でやりきれずに残っている宿題があれば、この時期に仕上げよう！

❹ の時期
2学期に向けて総点検する時期。宿題にとりくむ予備期間として設定しておこう。もし、宿題がすべておわっているようなら、最後にもうひと遊びできるね！

夏休みにやることを書きだそう

宿題や自分の予定を、全部書きだしてみましょう。
家族の予定や、もちろん遊びの予定もね！

Ⓐ 自分の予定

- 登校日
- 学校のプール
- 町内のお祭り
- サッカーの合宿
- サッカーの練習
- 昆虫採集

Ⓑ 家族の予定・家族との予定

- 遊園地
- 家族旅行（お盆休み）
- お父さんの出張
- 海
- お母さんの同窓会

Ⓓ ドリルやプリントの宿題

- 学習ドリル（国語・算数各○○p）
- プリント（○○枚）

Ⓒ 毎日する宿題

- 絵日記
- 昆虫の観察日記

Ⓔ その他の宿題

- 工作
- 自由研究
- 読書感想文
- 絵

82

計画表に書きこもう

P.82のA～Eの予定を、下のような表をつくって、書きこんでいきましょう。

C 毎日する宿題 ─ 絵日記／昆虫の観察日記
D ドリルやプリントの宿題 ─ 学習ドリル／プリント

日付&曜日	A 自分の予定	B 家族の予定／家族との予定	絵日記	昆虫の観察日記	学習ドリル	プリント				E その他の宿題
7/21(金)			○		3p	1				
7/22(土)			○		3p	1				
7/23(日)			○		3p	1				
7/24(月)			○		3p	1				
7/25(火)	学校のプール				3p	1				
7/26(水)					3p	1				
7/27(木)					2p	1				
7/28(金)	サッカー合宿									
7/29(土)	サッカー合宿									
7/30(日)	町内のお祭り	お母さん同窓会			2p	1				
7/31(月)					2p	1				
8/1(火)	学校のプール				2p	1				
8/2(水)					2p	1				工作の材料集め
8/3(木)					2p	1				工作開始

おわったら○印をつけたり、斜線で消したりしよう

ドリルなどはP.81の❶❷の期間で、おわるように計算して記入しよう※

※たとえば48ページのドリルの場合、❶と❷の期間が21日ならば　48(ページ) ÷ 21(日) = 2.2(ページ)と計算して、1日あたり2～3ページずつの目安で目標を立てる！

1日の予定を立てるときは、P.65からの「きょうこ式1日の予定の立て方」と同じ手順でやってみましょう。その日のいつやるかは、P.63の「脳の時間割」を見て、脳が得意なことにあてはめてみましょう。

ドリルは午前中、工作は「手先が器用に動く」4時限目がいいね！

★計画表は、"金の星社"のホームページからダウンロードすることができます。

3.5日リズム

4日目のかべを意識しよう

脳は、ある刺激に対して、3.5日でなれてしまうの。つまり、あきてしまった状態になって、新しい刺激がほしくなるのよ。続けたいことは、3.5日を突破して4日以上続ければ、習慣化しやすいと覚えましょう。逆に悪い習慣にしないためには、3日でやめるようにしましょう！

続けたいことは4日続けよう！

- なわとびの練習
- 係の仕事
- 家の手伝い

習慣として定着する！

やめたいことは3日でやめよう！

- 勉強机の上をちらかす
- ゲームで夜ふかし
- 間食

悪い習慣にならない！

あきっぽくて長続きしないことを「三日ぼうず」といいますが、3.5日リズムが関係していたんですねー。

紙とえんぴつゲーム❶

紙とえんぴつだけで遊べるゲームだよ！

4目ならべ

遊ぶ人数…ふたり

ふたりで交互に四角を書いていき、先に四角を4つならべたほうが勝ちだよ！

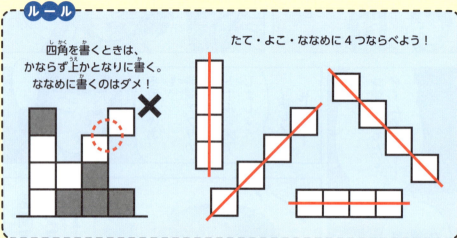

ルール

四角を書くときは、かならず上かとなりに書く。ななめに書くのはダメ！

たて・よこ・ななめに4つならべよう！

遊び方

先攻 □
後攻 ■

1 よこに1本線を書いて、交互に四角を書く。後攻の人は、四角に斜線を引いたり、黒くぬったりしよう。

相手に4つならべられないように、じゃまになる位置にも四角を書こう。

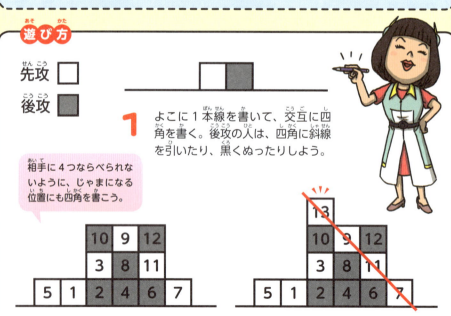

2 順番に四角を書いていく（見本図の数字は書いた順番）。

3 先に4つならべた人が、4つの四角に線を引いてゲーム終了！

第4章

しぐさアプリ

なんとなくしていることを見直そう

ちょっとどうすんの？このマンガ

このまえ買ってきて読まずに置きっぱなしじゃない！

あーっそれ？

そういえば…

クラスではやってたからなんとなく買ったやつだ…

なんと…なくぅ〜？

だよな〜ヨウタ…男にはつきあいってものがあるからな〜

そうそう

お父さんもこのまえ帰りがおそかっただろ？あれも同じ男のつきあい！

きょうこさんちょっとお願いが…

なんでしょうお母さま

それがあるからみんなで仕事をがんばれるんだよなぁ〜

カパ

動作の区切りって？

動作は最後の最後まで

ヨウタは、またお母さまにおこられていましたね。みなさんは、どこが食事の動作の最後だと思いますか？いっしょに考えてみましょう。

徹底討論！
動作の最後の最後はどこだ!!

おはしをそろえて置くところまででしょう？

食べおわった食器を重ねるところまでではないですか？

「ごちそうさま」なんていわなくても、おなかいっぱい食べたらおしまい！

台所の流しに、自分の食器をさげるところまでなんじゃないかな？

チャンネルはそのまま！

意識してやってみよう

ヨウタ、本当はどこが食事の動作の最後だと思う？

食器を流しにさげるまでだと思います！

食事の動作の区切りはここ！

始まり（ここから）

いただきまーす。

おはしと茶わんを手に持つ

おわり（ここまで）

食器を流しにさげる

動作の始まりとおわりを意識して、脳に覚えさせるのです。

〜したら、〜する

日常のちょっとした動作でも、区切りを意識しましょう。
「〜したら、〜する」と、セットで脳に覚えさせるのよ。

くつをぬいだら

そろえる

ランドセルをあけたら

ふたをしめる

ドアをあけたら

最後までしめる

いすから立ったら

机に入れる

ふたをあけたら

最後までしめる

水を出したら

最後までとめる

おふろから出たら

ふたをすきまなくしめる

服をぬいだら

たたむ

トイレの便座をあげたら

さげる

最後までっていうのが大事なんだ。
今日からやってみようね。

第4章 しぐさアプリ

生活習慣をコントロール

動作をかえてみよう

きょうこの
お悩み相談室

ケース1 間食

相談
ついつい、スナック菓子をひと袋も食べちゃうんです。

アドバイス
食べるときに、スナック菓子を袋からお皿に出してみましょう。

えー？
それだけ？

 →

どのくらいあるかわからないと、脳が予測できず食べつづけてしまう！

お皿に出すと、目で量がわかるので、食べる分だけ出すようにする！

ジュースも紙パックのままだと、中味が見えないので飲みつづけてしまいますよ。

解決

第4章 しぐさアプリ

きょうこのお悩み相談室

ケース2 歯みがき・手洗い・うがい

相談
しなきゃいけないのはわかってるんだけど、なんか、めんどうくさくなっちゃうんです。

アドバイス
「場所アプリ」も使っていきましょう。歯みがき・手洗い・うがいを「する場所」は洗面所よね？ それなら、とにかく、そこへ行くようにしましょう。

とにかく移動する！

脳が「ここですること」を思いだして、すんなり行動できる！

「ここでしかしないこと」と決めていることは、その場所へ行くと、自然とからだが動くのです。

解決

きょうこの お悩み相談室

ケース3 朝寝ぼう・夜ふかし

相談
朝寝ぼうも夜ふかしも、毎回「やっちゃった！」って思うんだけど、どうして直らないのかなあ？

アドバイス
「またやっちゃった！」と反省して、お母さんにあやまったとしても、脳は許してもらったことを優先して満足してしまうの。だから「やっちゃった」原因をとりのぞかないとね。

「寝ること」をじゃました原因・理由を思いだす！

見えないところに片づける！

あやまっただけでは、脳は失敗に気がつかないのです。

解決

きょうこの お悩み相談室

ケース4 よくかむ

相談
いつも「よくかんで食べなさい！」ってしかられるけど、なかなかそれができないんです。

アドバイス
「かむ」動作はね、脳にとってリズムのあるいい運動で、脳を落ちついた状態にしてくれるのよ。おまけに考えもまとまって、ひらめく力がグーンとアップするわ。
下のような方法で、かむ回数を増やしてみましょう。

スプーンやおはしをずっと持ったままでは、かむ回数がなかなか増えない！

食事中にスプーンやおはしを置いてみると、それだけでかむ回数がぐっと増える！

食べものの消化や吸収がよくなるから、うるさくいってたんだけど、脳にもいいのね。

100

にゃん蔵のすいみんコラム その2

ねむっている間、脳はなにをしているの？

からだがねむっている間、脳もねむっていると思いますか？
いえいえ、脳はねむっている間もフル活動しているのです！

1 放っておくと、あっというまに容量オーバー！

脳はその日に見たこと、聞いたこと、体験したことをいったんすべて記憶！

2 つぎの日も記憶できるように空きスペースをつくる

ねむっている間に「残すべき記憶」と「消してもいい記憶」に分ける！

朝起きて残っている記憶は、これまでの脳の経験から、脳が残すべきと判断した記憶。つまり、自分にとって重要なこと！

寝る姿勢が大事！

ねむっている間に、うまく呼吸できるかどうかが、いいすいみんをとるカギなのです。やってみましょう！

1

うつぶせになって、顔を左右のどちらかに向け、まくらのはし（右向きなら右はし）にのせる

2

顔を向けたほうの手（右向きなら右手）をまげ、顔のまえに置いて、もう片方の手はからだにそわせる

3

からだより頭を低くし、まげたほうの肩が少しあがるくらいに

手をまげたほうの胸の下には、クッションなどをはさんで、それによりかかるような姿勢にする

ねむっている間は、寝返りしてOK！個人差はありますが、姿勢をかえてから4日〜14日ほどでなれます！

にゃん蔵のプラス1　朝イチに覚えていることを書く！

脳がねむっている間に「重要！」と判断した記憶をしっかりと残すならば、朝起きてすぐに「朝日記」を書くといいですよ！　1行だけ書く「1行日記」なら気軽に続けられます！

ただ、なんとなくしていてはダメ！
始まりとおわりを意識してやるの。

苦手なことや気が向かないこと

あぁ〜っめんどうだぁ〜

はぁーっ
やだやだー ふろそうじなんか早くおわりたーい…

なにやらいやな気を感じると思ったらこういうこと…

はいお母さまにいわれていやいややっています
いやいや

ほら見なさい！みごとないやいやオーラが出ているわ！
さすがヨウタどの…
自分コントロールにとって一番の敵よ！

そしてそのいやいやが集まると…
あーっ！これは大きい先のばし雲！
先のばし
いやいやいやいや

できている人をまねしよう

いいことも悪いことも伝染する

なにを見るか、なにを聞くかが重要なのよ！

いい伝染

アキラくん、えらいなー。あんなふうにすればいいんだ。

落としましたよ。

あ、どうもありがとう。

悪い伝染

オレ、全然勉強してないやー。

テスト勉強なんて、かったるいよなー。

うしろ向きな話でもりあがっているときには、「ちょっとトイレ」などといって、できるだけその場に、いつづけないようにするといいですね。

先のばししないために

ちょっとだけ手をつける！

ヨウタどの。ちょっとだけ手をつけると、脳ではこのようなことが起こるのです。

ドットアンドボックス

紙とえんぴつゲーム❷

遊ぶ人数…ふたり

交互にドット（点）を線でつないでいき、ボックスを多く完成させたほうが勝ちだよ！

遊び方

先攻 A ——　　後攻 B ——

ボックスは4辺目を書いて完成させた人のものになる

1

紙にドットを9個（3個×3列）書く。

2

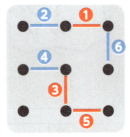

交互に線を書いていく（見本図の数字は書いた順番）。

3

❽でBのボックスが完成。中に「B」と書いて、もう1本線（⑨）を書く。

4

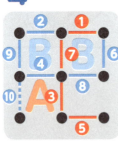

続けて⑨でBのボックスが完成。中に「B」と書いて、もう1本線（⑩）を書く。

5

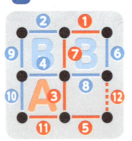

⑪でAのボックスが完成。中に「A」と書いて、もう1本線（⑫）を書く。

6

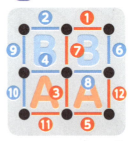

⑫でAのボックスが完成。ゲーム終了。この勝負は引き分け。ボックスの数が多いほうが勝ちだよ！

★見本図では色分けをしましたが、どちらもえんぴつでOK。
4個×4列や5個×5列と、ドットの数を増やすと、さらにおもしろいよ！

第5章

ことばアプリ

脳になにを聞かせるか

ことばと行動

ことばと行動を結びなおす

たとえばこんなふうに、自分が本当は望んでいない結びつきがあったら、結びなおすの。

学校の準備	学校で配られたプリント	うまくいかないこと

出がけにいそいでやる

机につっこむ

なげだす

結びなおす！ 　　結びなおす！ 　　結びなおす！

まえの日の夜にやる

クリアファイルに入れる

少しでもできたところを探す

うん、本当はぼくもこうしたいんだ。

119　第5章　ことばアプリ

ことばに出すときのルール

| ルール その1 | **できたことをいおう** |

少しでも実行できたことを口に出しましょう！どんなに小さなことでもいいの。きっと、なにかしらあるはずよ。

「〜ができた」といういい方を習慣に！

（例）
- リコーダーの練習で、高いドの音をきれいに出すことができた。
- テストのここと、ここができた。
- お母さんとの約束、これは守ることができた。

「できなかったこと」ばかりをいうのは、絶対にダメです。「できたこと」を脳に聞かせることが大切なのです。

第5章 ことばアプリ

具体的にいおう！

成功したことも、失敗したことも、具体的にいいましょう。

> ルール その3

「ちゃんと」「〜しなきゃ」はNGワード

家の人に「ちゃんとしなさい！」っていわれても、どんな行動をとればいいのか、すぐにわからないことがあるでしょう？　自分に対して「ちゃんと」や「〜しなきゃ」といったときも同じ。脳はなにをしたらいいのかわからないの。

例：プリントをファイルするとき

「ちゃんとファイルしなきゃ」

↓ 「〜する」といいきる！

「プリントを分類してファイルするぞ」

きょうこのちょいテク！

朝、計画表やスケジュール帳に書いたことを、声に出して読みあげてみましょう。脳がその日にやるべきことを整理できるのよ。

10時から宿題、13時にアキラくんと図書館に…

思ったことをいう

たとえ意見がちがっていても思ったことは伝えましょー

あいさつから始めよう

思ったことをいうには、ふだんから、友だちや家族といい関係をつくっておくことが大事なの。

そのためにも、かんたんにできるあいさつから始めるのです。

友だちとけんかしたとき、ごめんねっていえなかったなあ。

おはよう
こんにちは
さようなら

今度からいおうよ。

ありがとう
ごめんなさい

いってきます
いってらっしゃい
ただいま
おかえり

あいさつをすると相手はこんな気持ちになる！

125　第5章　ことばアプリ

素直な気持ちを口に出す

自分の気持ちや考えを相手に伝えるときは、自分を主語にするようにしましょう。少しむずかしいかもしれないけど、「命令」するのではなく「希望」を伝えるといいのよ。

相手が主語 / 自分が主語

やめてよ。
相手がやめること

→

そうされると
（ぼくは）困る。

～してよ！
相手が行動すること

→

（ぼくは）
こうしてほしいな。

なんで～してくれないの？
相手が行動していないこと

→

こうしてくれると
（ぼくは）助かるよ。

うるさいなあ！

ムッ
カチン

→

静かにしてほしいな。

あっ、うん。
そうか

ほう

伝えたいことは同じでも、相手にあたえる印象が全然ちがいますね。

マンガコラム
人に教えると自分の考えを整理できる

負の感情がわいたら

自分にとってマイナスにはたらく負の感情は、とても不快よね。

負の感情

ムカッ！　イライラ　頭にくる！　もうダメだ…　うぜー　ねたみ　いやだなあ　落ちこむ　どよーん　がっかり　あーあ　もうダメだ…　サイアクー　いじわるしたい…　ムカツク！　にくらしい！　ムリ！　どうしよう〜

負の感情がわいたときは、こうすると気持ちが落ちつくわよ。

負の感情を数字にするとどのくらいか考えてみる！

イライラメーターだとイライラ度70％だな。

パーセントなど度数で表す

イライラメーター　70％

このいかりは300〔ムカッと！〕はあるな。

〔ムカッと〕のように、自分だけがわかる単位で表す

ほかにもこんな方法がありますよ。感情と場所はセットで記憶されるのです。ですから、いやな思いをした場所で楽しいことをすると、記憶がすりかわるんです！

「場所アプリ」と「しぐさアプリ」をバージョンアップして、記憶を上書きするんだね！

かっこいい自分に名前をつけよう

いいイメージをえがけるネーミング

発想は自由よ！　自分だけのとっておきの名前をつけましょう！

自分自身が変身したイメージで名前をつける

例　〇〇マン　〇〇ヨウタ

思いどおりに動けた状態に名前をつける

例

バリバリモード
シャキーンモード
はりきりモード
チャチャっとモード
さくさくモード

かっこいい名前をつけてことばと行動の結びつきを新しくつくるのよ！

こうすると、「バリバリモードになるぞ！」などといえば、自然と行動できるようになるのです。

へー、すごい！

第5章　ことばアプリ

自分のやる気が高まることば

なんのためなら自分はがんばれるのか、力が出るのかを考えてみましょう。

自分のからだが調子よく動くのは、どんな理由があるとき？

- ほめられるとうれしいから
- 自分が困るのがいやだから
- できると気分がいいから
- 負けたくないライバルがいるから

そのほかの理由があってもOK！

好きな女の子にかっこいいところを見せたいからっていう理由でもいいのよ。

えっ！

Ⓐのことばのあとに「○○をする！」と続けて書いてみよう！

すると…

やる気がアップ！

自分のやる気に火がつくキーワードを見つけるのです。紙に書かなくても、口に出したり心でつぶやいたりすれば、やる気はアップしますよ！

クイズであ～そぼ！ 答え

P.36　クイズであ～そぼ！① まちがい探し

上の絵とちがっていた
ところは、
つぎの 5 つだよ！

❶ タクシーの線
❷ ヨウタの髪型
❸ まつげの本数
❹ お母さんの位置
❺ スプーンのかげの長さ

P.52　クイズであ～そぼ！② 同じのど～れだ？

① 答え……E

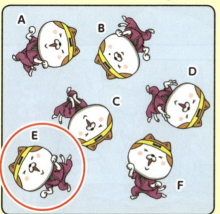

② 答え……D

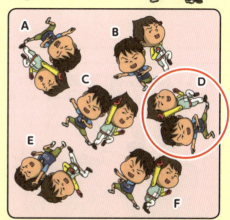

ことばひとつで行動がかわる。
いい自分を引きだしたいなら、
ことばを……、かえるの。

もっと きょうこの お悩み相談室

ここでは、この本の監修者、菅原洋平さんにアドバイスをしていただきます！

相談 1

運動とか楽器の練習とか、うまくできないとやる気がなくなっちゃうんですが、どうすればいいですか？

アドバイス

練習するまえに、かならず「こんなふうにやってみよう」とイメージしてみましょう。脳はこれから起こることが予想できないと、やる気がなくなってしまいます。「やればできる！」と脳を応援しても、脳はどうすればいいのかわかりません。そこで、たとえば走るときに「親指のつけねでけってみよう」とか、ピアノを弾くときに「肩の力をぬいてみよう」と具体的な目標を立ててみましょう。そうすると、脳は「こうすればいいんだ！」とやる気になります。

相談 2

大きな声で話したり、大きな字を書いたりすることができません。「自信をもって」といわれますが、どうすれば自信がつきますか？

アドバイス

声や字が小さいのは、「自信がないから」ではありません。脳が「自分はどのくらいの声が出るのか、どれくらい大きく字が書けるのか」をわかっていないからです。だからまず、自分の声や、字の大きさを数字にしてみましょう。一番大きな声が 10 だとしたら、今出した声は 6 ぐらい？　だったら今度は、7 の声を出してみようと考えるのです。こうすると、脳はどんな声が「大きな声」なのかがわかり、自分の思いどおりの大きさの声が出せるようになります。

わたしが、みなさんの悩みにお答えします！

アドバイザー
菅原 洋平
（作業療法士・脳の専門家）

相談 3

友だちの輪の中に入っていくのがむずかしいです。
いっしょに遊びたいと思っても、なかなかいいだせません。

アドバイス

なかよくなりたい子といっしょに、なにか作業をしてみましょう。たとえば、相手がそうじの時間にほうきではいていたら、ちりとりを持っていってかまえる。重たいものを持っていたら、となりに行って手をそえる。脳は自分といっしょの動きをしている人を見ると、自然になかよくなります。だから、なかよくなりたい相手が、なにか作業をしていたらチャンス！ さっと行って手伝えば、なにもいわなくても自然になかよくなって、向こうから声をかけてくれるはずです。

相談 4

最初からできる子は、いいなと思います。
自分はどうせ、なにもうまくできないから……。

アドバイス

学校では、「足が速い子」や「テストの成績がいい子」が一番かもしれないけど、それはだれかが勝手に決めたルール。脳には「足の速さ」や「勉強」だけではなく、いろいろな力があります。だから、みんなと同じことが上手にできることより、みんながやっていないことが上手にできるようになることをめざしてはどうですか。あなたの脳には、まだまだすごい力がねむっています。自分の脳に、どんな力があるのかを見つけていきましょう！

おわりに

脳となかよくなろう

自分をうまく操縦する「自分コントロール」、おもしろくなってきましたか？　自分の脳がどんな仕組みになっているのかを知ることは、とっても大事なことです。自分の脳のことをよく知ってなかよくなれれば、脳はきっと強い味方になってくれます。

勉強やクラブ活動、友だち関係など、あなたには、たくさんがんばりたいことがあると思います。がんばりたいことに全力をつくせるようになるためには、自分コントロールが必ず役に立つはずです。

私は作業療法士の仕事をしています。この本で登場した、きょうこさんのような仕事をする仕事です。脳や体の仕組みを研究して、だれもがやりたいことに、しっかり力を発揮できるようにするためのお手

伝いをしています。

きょうこさんは、最後にヨウタのもとから去っていきます。きょうこさんが、いつもそばにいてくれたら心強いのに……と、思った人もいるかもしれません。でも、大丈夫です。自分コントロールができるということは、自分の中にいつもきょうこさんがいて、力になってくれるということです。作業療法士の仕事は、みんなが自分の力で、自分を変えていけるようにすること。自分コントロールが必要な人に、さっとお手伝いをして、できるようになったらいなくなります。あなたがやりたいことに全力で取り組む様子を、いつも遠くから見ています。

監修　菅原 洋平

監修　菅原 洋平（すがわら ようへい）

作業療法士。1978年青森県生まれ。国際医療福祉大学卒業後、作業療法士として民間病院の精神科に勤務し、国立病院機構では脳のリハビリテーションに従事する。その後、ユークロニア株式会社を設立。企業を対象に脳の機能を活かした人材開発を行う。現在は、心とからだの調子を整えるベスリクリニックで外来を担当するほか、講演や執筆活動を精力的に行っている。ベストセラーとなった『すぐやる！「行動力」を高める"科学的な"方法』（文響社）など著書多数。

イラストレーター　大野 直人（おおの なおと）《エヌノート》

1976年生まれ。富山県在住。広告デザイン会社勤務を経て、2002年よりイラストレーターに。イラストやマンガなどを中心に活躍。アニメ『ダンカイカレー中辛』（テレビ埼玉／2009～2010年放送）を手がけ、著書に『大人になってこまらない マンガで身につく 整理整頓』（金の星社）などがある。

編集・執筆	引田 光江（スタジオダンク）、東沢 亜紀子
デザイン	菅沼 祥平（スタジオダンク）
校正	岡野 修也

図書館版
大人になってこまらない マンガで身につく
自分コントロール

初版発行　2017年12月
第2刷発行　2019年10月

監　　　修　　菅原 洋平
マンガ・イラスト　大野 直人
発　行　所　　株式会社 金の星社
　　　　　　〒111-0056 東京都台東区小島1-4-3
　　　　　　電話03-3861-1861（代表）
　　　　　　FAX03-3861-1507
　　　　　　振替00100-0-64678
　　　　　　http://www.kinnohoshi.co.jp
印刷・製本　　図書印刷 株式会社

144P　21.6cm　NDC379　ISBN978-4-323-05333-2
©Yohei Sugawara,Naoto Ohno,Studio dunk 2017
Published by KIN-NO-HOSHI SHA Co.,Ltd, Tokyo Japan

乱丁落丁本は、ご面倒ですが、小社販売部宛にご送付ください。
送料小社負担にてお取り替えいたします。

JCOPY 出版者著作権管理機構 委託出版物
本書の無断複写は著作権法上での例外を除き禁じられています。複写される場合は、そのつど事前に
出版者著作権管理機構（電話 03-3513-6969、FAX 03-3513-6979、e-mail: info@jcopy.or.jp）の許諾を得てください。
※本書を代行業者等の第三者に依頼してスキャンやデジタル化することは、たとえ個人や家庭内での利用でも著作権法違反です。

図書館版
大人になってこまらない
マンガで身につく シリーズ

第2期 全2巻
- NDC379
- A5判／144ページ
- 図書館用堅牢製本

ユーモアあふれるマンガを読めば、自己管理や友だちづきあいがうまくできるようになる！　専門家監修による人気実用書シリーズの第2期！

図書館版 大人になってこまらない
マンガで身につく
自分コントロール
監修　菅原 洋平（作業療法士）

図書館版 大人になってこまらない
マンガで身につく
友だちとのつきあい方
監修　相川 充（筑波大学人間系教授）

■ シリーズ既刊も大好評!!

[第1期 全2巻]

監修：辰巳 渚

監修：辰巳 渚

[第3期 全2巻]

監修：金子 大輔

監修：遠藤 美季